シリーズ シニアが笑顔で楽しむ ⑨

魔法のペットボトルで手軽にフィットネス

斎藤道雄 著

黎明書房

はじめに

シニアの運動にペットボトルフィットネスを

この本は,
① デイサービスや老人ホームなどの高齢者施設で,
② シニアのレクリエーション活動として,
③ 運動や体操をするときに,
④ **ペットボトルで楽しく遊びながら体を動かしましょう！**
と,提案する本です。

誰にでもやさしく簡単にできるように,ペットボトルは2リットルの大きなサイズで,体に負荷をかけないように,中に水を入れる必要もありません。

「体操に参加してもらえません」
「レクがマンネリ化してしまいます」

ぼくのところには,現場スタッフからの切実なお悩みや質問がたくさん寄せられます。

話を聞いていくうちに,うまくいかない原因がわかってきました。それはズバリ,**本当はもっと体を動かせるはずなのに,体をあまり動かしていない**からです。

運動や体操をするときに,適度に体を動かさなければ,なんだか気持ちもスッキリしないままに終わってしまいます。

そんなときにこそ，ペットボトルフィットネスをオススメします。ペットボトルフィットネスをすれば，あまり体を動かさないような人でもいつの間にか体を動かすようになります。
　なぜなら，ペットボトルフィットネスは，「遊び」だからです。遊ぶための道具としてペットボトルを利用します。その「遊び」が「運動」につながります。

ペットボトルで遊ぶ。「遊び」が「運動」になる。それが，「ペットボトルフィットネス」なのです。

　ペットボトルフィットネスには，次のようなメリットがあります。
① 　ペットボトルさえあれば，**誰にでも簡単**にできます。
② 　「遊び」なので，体を動かす**意欲が高まります。**
③ 　**適度な運動**になります。
④ 　心も体もスッキリします。
⑤ 　**レパートリー（メニュー）が豊富**にあります。
⑥ 　身体面だけでなく精神面にもよい効果が期待されます。
⑦ 　**レクリエーション活動の質が向上**します。

　ペットボトルフィットネスで，思う存分に遊んでください。相手を楽しませようとするのでなく，自分もいっしょになって遊んでください。遊べば自然に体は動きます。動けば楽しくなります。

　　　　　　　　　　　　　　　　　　　　　　　　　斎藤道雄

も　く　じ

はじめに　シニアの運動にペットボトルフィットネスを　1

Ⅰ　ペットボトルフィットネスの ココがスゴイ！

ペットボトルフィットネスのココがスゴイ！

1 メニューが豊富にある　8
　　―遊び（運動）が楽しく持続できる―

2 やる気を引き出す　10
　　―夢中になって遊ぶ（動く）ようになる―

3 レクリエーション活動の質が向上する　12
　　―遊びを支援するテクニックが身に付く―

4 体だけでなく心にも効く　14
　　―不安を減らす効果がある―

5 適度な運動になる　16
　　―楽しませるより動く，動けば楽しくなる―

ペットボトルフィットネスをもっと楽しむために

6 やる気を引き出す魔法の言葉　18
　　　―「失敗しても気にしない」―

7 実践する前にしておくとよいこと　20
　　　―事前に自分で体験しておく―

8 教えることよりも楽しむこと　22
　　　―自分が楽しめばまわりも楽しくなる―

9 メニューを組み立てるときの順序　24
　　　―簡単なことから徐々に難しくする―

10 気持ちよく体を動かすための準備　26
　　　―間隔をじゅうぶんに空けて行う―

コラム●ペットボトルフィットネスのチェックリスト　28
　　　―上手に遊び（運動）を支援するために―

Ⅱ　ペットボトルフィットネスの 30の魔法のメニュー

体をほぐしてスッキリしましょう

① 　肩たたき　30
② 　8の字　32
③ 　スッキリ体操1　34
④ 　スッキリ体操2　36
⑤ 　スッキリ体操3　38

もくじ

⑥ 重量挙げ　40
⑦ 剣道の達人　42

バランス感覚を楽しみましょう
⑧ ゆらゆらペットボトル1　44
⑨ ゆらゆらペットボトル2　46
⑩ ゆらゆらペットボトル3　48
⑪ 超ゆらゆらペットボトル　50
⑫ ゆらゆらトス　52

脚を使って楽しみましょう
⑬ バランス上手1　54
⑭ バランス上手2　56
⑮ 起こしてみよう1　58
⑯ 起こしてみよう2　60
⑰ アップ&ダウン　62
⑱ 反射キャッチ　64

投げて捕って楽しみましょう
⑲ どきどきキャッチ　66
⑳ ロケットキャッチ　68
㉑ シングルキャッチ　70
㉒ 目隠しキャッチ　72
㉓ 宙返り　74
㉔ 反射つかみどり　76

人とのふれあいを楽しみましょう

㉕　ふれあいパス　78

㉖　ふれあいダブルパス１　80

㉗　ふれあいダブルパス２　82

㉘　かけ声パス　84

㉙　ペットボトルちゃんばら　86

㉚　真剣つかみどり　88

おわりに　遊びが運動につながる　90

I
ペットボトルフィットネスの
ココがスゴイ！

ペットボトルフィットネスのココがスゴイ！
メニューが豊富にある
―遊び（運動）が楽しく持続できる―

　ペットボトルフィットネスのすごいところは，遊び（運動）のメニューが豊富にあることです。

　本書に紹介しているだけでも，30 のメニューがあります。各メニューには，応用があります。この応用を加えると 60 ものメニューになります。

　メニューがたくさんあれば，内容がマンネリ化しにくくなります。同じ内容を何度も繰り返すこともなくなるので，**参加者もあきずに長い時間楽しむことができるようになります。**

　また，メニューがたくさんあるということは，最初から最後までペットボトルを使用することができ，途中で道具をチェンジする必要がないということです。

　途中で道具をチェンジするということは，たとえば棒体操のあとに，風船バレーをして，サッカーをする，という流れです。

　必ず途中で進行が一時ストップして流れが悪くなります。さらに運動する時間も減ることになります。

　限られた時間を有効に使うためには，道具は途中でチェンジしない方がよいのです。**途中で道具を交換せずに，同じ１つの道具を使い続ければ，自然に進行もスムーズになります。**

Ⅰ　ペットボトルフィットネスのココがスゴイ！

　また，運動する時間も増えて，適度に体を動かすことができるのです。

　ほかにもまだメリットはあります。ペットボトルフィットネスは，ペットボトルを利用して，いろいろな運動をするので，その効果も多岐にわたります。
　たとえば，ペットボトルを上に投げて捕れば，動いている物体を識別する動体視力の向上につながります。
　ペットボトルを手のひらの上にのせてバランスをとれば，手や指先の巧緻性の向上につながります。自然に意識を集中するので，集中力を養います。
　さらにそれだけでなく，身体のあらゆる機能を使用しますから，身体機能の維持向上につながります。

　メニューが豊富にあることのメリットをまとめると，次のようになります。
　① マンネリ化しない。運動が楽しく持続できる。
　② 道具をチェンジする必要がなくなる。（テンポのよい進行，運動時間の確保）
　③ いろいろな身体機能の向上につながる。（いろいろな遊び（運動）のやり方がある）

ペットボトルフィットネスのココがスゴイ！

やる気を引き出す
―夢中になって遊ぶ（動く）ようになる―

「今日は，これを使って運動をします」
　ぼくがそう言って，ペットボトルを見せると，参加者は，「こんなものを使ってどうするんだろう？」と，最初は不思議そうな顔をして見ています。

「ペットボトルを片手に持ってください」
「反対の手を前に出して，手のひらを上にしてください」
「その上に，ペットボトルを逆さまにして，手のひらにのせてください」
　そう言いながら，ペットボトルを支えている手を，そうっとはなして，実際にやって見せます。

　すると，参加者のみなさんは，「おーっ（おもしろそう！）」という感じになります。中には，ぼくが何も言わなくても，勝手にやり始める人もいます。
　一見，簡単そうに見えても，やってみると意外に難しいので，思わず夢中になってしまいます。その姿は，まるで，子どもが夢中になって遊んでいるようです。

　誰かひとりが，うまくできるようになると，まわりの人も，それに刺激を受けて，「よーし，俺も（私も）負けてられないぞ！」と，

さらにやる気がまわりに広がっていきます。

　現場では,「はいっ, そこまでにしましょう」と, こちらがストップをかけなければ, いつまでもずうっとやり続けています。それくらい夢中になるということです。
　ペットボトルフィットネスには, そんな楽しいメニューが豊富にあるのです。

　あるプロスポーツ指導者の話によれば,「コーチの仕事で大事なことは, 選手のやる気を引き出すこと」だと言います。
　シニアの運動や体操を支援する人にも, 同じことが言えます。**支援で大事なことは, シニアのやる気を引き出すこと**です。

「なんだか楽しそう」
「やってみようかな？」
　そう感じさせるところが, ペットボトルフィットネスのスゴイところです。
　ペットボトルフィットネスをすれば, シニアの意欲を引き出すことができます。そうすれば, 体も動き始めます。

ペットボトルフィットネスのココがスゴイ！
レクリエーション活動の質が向上する
―遊びを支援するテクニックが身に付く―

　デイサービスなどを対象にした，高齢者向けのレクリエーション活動のための，レクリエーション用品が販売されているそうです。
　輪投げ，的当て，ボーリング，風船バレー，サッカー，パズル，塗り絵などなど，さまざまな遊び道具があります。
　安価な道具から，中には，何万，何十万円もするような高価な道具もあると聞きます。

　あるデイサービスでこんなことがありました。倉庫の中を見せてもらうと，最近購入したと思われるような，ピカピカのレクリエーション用品がズラリと並んでいました。

　「こんなに遊び道具があれば，きっといろんなことができるんだろうなあ」そう思って話を聞いていると，意外にも，「レパートリーが足りなくて困っている」ということでした。

　よくよく話を聞いてみると，「一度やるとあきてしまうので，あとから新しい道具を購入していくうちに，いつの間にか道具が増えてしまった」そうです。
　それを聞いて，**道具の値打ちは，価格でなく使い方次第(しだい)で決まる**ということを，改めて感じました。

Ⅰ　ペットボトルフィットネスのココがスゴイ！

　シニアのレクリエーション活動にペットボトルフィットネスを実践するということは，**道具を上手に活用する**ことになります。したがって，**現場スタッフの遊びを支援する技術が向上します。**

「こんな使い方があったんだ」
「こんなことが遊びになるんだ」
と思うことだけでも，スキルアップにつながります。

　最初のうちは，苦労することもあるかもしれませんが，やっているうちに徐々にコツをつかんでいきます。うまくいけば，自分に自信がついてきます。その結果，レクリエーション活動の質の向上につながります。

　ある現場でスタッフにアドバイスをしたところ，後日，そのスタッフから，「最近，工夫することが楽しくなってきました」といううれしい報告を聞きました。

　高価な道具を購入するのも結構ですが，宝の持ち腐れにだけはしたくないものです。
　まずは，「ペットボトルフィットネス」で，運動や体操を支援する練習をしてみてはいかがでしょうか？

ペットボトルフィットネスのココがスゴイ！
体だけでなく心にも効く
―不安を減らす効果がある―

『「お手玉をする」とうつ，パニック障害が治る』（中原和彦著，マキノ出版）によれば，お手玉には，おもに次のような効果があると言われています。

① 活力（やる気，前向きな気持ち）が上がる。
② 活動量（食事の用意，掃除，買い物，力仕事，旅行）も増える。
③ 免疫力（病気を防ぐ力）を向上させる。
④ 視力が向上したという事例もある。
⑤ 不安を減らす効果が高い。

中でも「特に，不安に対して抜群の効果がある」と言います。お手玉をすることで，**「思わず夢中になる」ことが，体だけではなく心によい影響を及ぼす，**そうです。

「思わず夢中になる」ことが，心と体によい影響を与える要因ならば，ペットボトルフィットネスにも同じ効果があると考えられます。
なぜなら，ペットボトルフィットネスもお手玉と同じように，「思わず夢中になる遊び（運動）」だからです。

お手玉は投げたあと，落とさないように捕ることに集中します。

I　ペットボトルフィットネスのココがスゴイ！

ペットボトルも，お手玉と集中のしかたがよく似ています。（というよりほとんど同じです）

　実際に，上に投げたペットボトルをキャッチするときには，ものすごい集中力を発揮するようになります。「落としてはいけない」という意識が強く働くからです。

　ある現場スタッフは，「（参加者のみなさんが）こんなに集中しているところを初めて見ました」と言って，驚いていました。

　物事に強く集中したあとは，心も体も心地よい疲労を感じるようになります。だから，ペットボトルフィットネスには，お手玉と同じように，**身体面だけでなく精神面にもよい効果がある**と考えられます。

　「体だけでなく，心にもよく効く」
　ペットボトルフィットネスは，シニアにぴったりの運動（遊び）です。

ペットボトルフィットネスのココがスゴイ！

適度な運動になる
―楽しませるより動く，動けば楽しくなる―

「スッキリしたあ！」
「気持ちよかったあ！」
　ペットボトルフィットネスを実践したあとに，こう言われるシニアがたくさんいます。その理由は，**ペットボトルフィットネスをして，思う存分に体を動かしているから**です。

　ペットボトルフィットネスをするときには，1人に1つずつペットボトルを用意します。
　全員が一斉に行うので，何もしないような待ち時間がありません。したがって体を動かす時間が増えることになります。**つまり効率よく体を動かすことができるわけです。体を動かせば自然に楽しくなります。**

　反対に，体を動かせるのにもかかわらず，体を動かさなければ，気持ちもスッキリしません。「年寄り扱いをしないでほしい」「もっと体を動かしたい」そんなシニアの声が聞こえてきそうです。
　たとえば，輪投げやボーリングなどは，順番を待たなくてはなりません。参加人数が多くなればなるほど，運動の効率が悪くなります。誰だって，ただじっと待っているだけではおもしろくありません。

Ⅰ　ペットボトルフィットネスのココがスゴイ！

「参加者がすぐにあきてしまう」という話を聞きますが，それは，**体を動かせるのに動かしていない**からです。動けるのに動かないとつまらなくなります。

誤解のないようにお話ししますが，ぼくは，ボーリングや輪投げなどのレクリエーション活動がいけないと言っているのではありません。

ボーリングや輪投げにも，よいところはたくさんあります。ただ，シニアが適度に体を動かすことを優先して考えれば，運動の効率はよいとは言えません。

適度な運動をするためのポイントは，つぎの2点です。
1．待ち時間をなくすこと
2．全員が同時に行えることをすること

ペットボトルフィットネスには，待ち時間がありません。人数分のペットボトルさえあれば，全員が同時に行うことができます。しかも，誰でもが簡単に，楽しみながらできます。

ここが，ペットボトルフィットネスのスゴイところなのです。

ペットボトルフィットネスをもっと楽しむために
やる気を引き出す魔法の言葉
― 「失敗しても気にしない」 ―

　ペットボトルフィットネスを楽しむためには，「失敗しても気にしない」ように強く働きかけるようにします。
　参加者には，「失敗してはいけない」「失敗したら恥ずかしい」と思い込んでいる人が少なからずいらっしゃいます。特に高齢になるとその傾向が強くなるようです。

　「失敗してはいけない」と思っていると，どうしても積極的な行動ができなくなってしまいます。気持ちも消極的になってしまうので，思う存分に体を動かすことができなくなります。そうなれば，体だけでなく心もスッキリしません。

　そこで，**「失敗しても気にしない」ように強く働きかけます。**
　ぼくは，毎回必ず，こうお話ししています。
　「失敗しても全く気にする必要はありません。運動をする時間ですから，楽しんで体を動かしてください」
　すると，「斎藤先生が，そう言ってくださるから，気持ちが楽になります」と言う，参加者もいます。

　さらに，うまくできないような人を見つけたら，そのつど，
　「(失敗しても) 大丈夫ですよ！」
　「(失敗しても) 気にしないでください！」

I　ペットボトルフィットネスのココがスゴイ！

「どんどん繰り返しましょう！」
と頻繁(ひんぱん)に声を掛けるようにします。

　1回言えばそれでよいのではなく，**何度も何度も繰り返して言葉を掛けること，これが強く働きかけるということです。**
　すると，いつの間にか，全体が「失敗してもよい」「楽しんで参加する」というムードに変わるようになります。

　こういうふうにしていくと，たとえ誰かが，「うまくできないけれど大丈夫かしら」と言っても，「大丈夫よ！　楽しんでやればいいんだから」と，ほかの誰かが言ってくださいます。

　ペットボトルフィットネスをするときには，ペットボトルが床に落ちる音が部屋中に響き渡ります。参加者の皆さんが，ペットボトルをキャッチしそこねて，落としてしまうからです。
　ほかのみんなが失敗しているから，たとえ自分が失敗しても気になりません。失敗が気にならないから，何度も繰り返してトライすることができます。

　「失敗しても気にしない」という言葉は，シニアのやる気を引き出す魔法の言葉です。

ペットボトルフィットネスをもっと楽しむために
実践する前にしておくとよいこと
―事前に自分で体験しておく―

　ペットボトルフィットネスにあるメニューは，どれもペットボトルがひとつあればすぐにできるものばかりです。事前に，自分でペットボトルフィットネスを体験しておくことをオススメします。

　自分で体験しておけば，ペットボトルフィットネスがどんなものなのかが，よくわかります。
　「これは簡単にできるな」とか，「これはちょっと難しいなあ」など，レベルの違いを感じることができるからです。
　やっているうちに，「こうすればうまくできる」というコツがわかるようになりますから，**そのコツは実践のときに，「こうするとうまくできますよ」という「ポイント」として話すことができます。**

　自分で体験しているからこそ，話にも説得力があります。
　ちなみに，本書にもペットボトルフィットネスを実践するときの「ポイント」が書いてあります。それを，実感しているのとないのとでは，説明をするのに雲泥(うんでい)の差があります。

　また，ペットボトルフィットネスを体験しておけば，自分が見本を見せるときにもとても有効です。一度やったことがあることを見せるわけですから，気持ちにも余裕を持つことができます。
　そうすれば，いざ実践という場面でも，自分に自信を持って，落

I　ペットボトルフィットネスのココがスゴイ！

ち着いて進行することができるようになります。

　ペットボトルフィットネスを体験しておくことのメリットをまとめると，こうなります。

　　・実践の感覚をつかめる（コツがつかめる）
　　・話の説得力が増す（自分の言葉で話せる）
　　・気持ちに余裕が持てる（自信がつく）
　　・よい見本を見せることができる

　事前に自分で体験しておくということも，準備のひとつになります。体操やゲームなど準備をあまりせずに，行き当たりばったりで行っている現場は，見ればすぐにわかります。それは，現場スタッフに，なんとなく余裕がなかったり，不安な感じが伝わってくるからです。

　そんな不安は，「この人で大丈夫かしら？」と，参加者にも必ず伝わりますから，気持ちよく体を動かすことはできなくなります。
　自分で事前に体験しておくことは，相手が気持ちよく体を動かすことになります。自分にとっても，相手にとっても，大きなメリットがあります。

ペットボトルフィットネスをもっと楽しむために
教えることよりも楽しむこと
―自分が楽しめばまわりも楽しくなる―

　現場では，介護スタッフの人がぼくのお手伝いをしてくれることがあります。その**手伝いのしかたにより，運動の効果が高くなることがあります。**

　ある介護施設で，ペットボトルフィットネスをしていたときのことです。
「手のひらにペットボトルを逆さにしてのせてください」
「支えている手をペットボトルから離してください」
　ぼくが，そう言うと，
「おーっとっとっと！」
　どこかで大きな声が聞こえました。声の主は，お手伝いの女性スタッフでした。

　それを見た，まわりの人たちもつられるように，思わず大きな声を上げて楽しむようになりました。それまでと比べて，とても動きがよくなりました。
　さらに，積極的に体を動かすことで，運動効果も高くなります。
　そのとき，**誰か1人の楽しさは，全体によい効果をもたらすものだと確信しました。**

　お手伝い（アシスタント）をしていただく現場のスタッフに多い

のは，ぼくの指示することがうまくできない人に対して，教えようとすることです。これはこれで，よい場合もあります。

　ただし，この場合のように，技術の向上よりも，楽しみながら体を動かすことを目的にするときには，**相手に教えることよりも自分が楽しむことのほうが有効**です。

　ある専門家によれば，「楽しそうな人を見ていると，見ている人も楽しくなる」そうです。楽しくなれば自然に体が動きます。この女性スタッフの行動によって，運動効果が上がったと言っても過言ではありません。

　大切なことは，「楽しかった」「またやりたい」と感じていただくことです。**いくら正しいことを教えたとしても，結果として楽しくなければ意味がありません。**
　「楽しかった」「またやりたい」と思うことが，運動を継続することになります。つまり，楽しむことが健康づくりにつながるのです。

　シニアに楽しんでほしいと思うなら，まずあなたが楽しんでください。あなたの楽しさは必ずシニアにも伝わります。

ペットボトルフィットネスをもっと楽しむために
メニューを組み立てるときの順序
―簡単なことから徐々に難しくする―

　ペットボトルフィットネスのメニューを組み立てるときの順序の基本は，**（メニューの技術レベルを）徐々に難しくする**ことです。
　いきなり難しいものをするのではなく，**簡単なものから徐々に難しくする方が，より楽しむことができます。**
　また，技術も上達するので，「うまくできるようになって楽しい」と思えるようになります。

　この本に書いてあるメニューは，基本的に，簡単なことから順番に書いてあります。カテゴリーごとに，①から順に番号が進んでいくにつれて難しくなっています。
　メニューを組み立てるときの目安にしてください。実際に，ぼくがメニューを組み立てるときには，次の順序で行います。

メニューを組み立てる順序の例
「バランス感覚を楽しみましょう」の場合
　①　ゆらゆらペットボトル１
　②　ゆらゆらペットボトル２
　③　ゆらゆらペットボトル３
　④　超ゆらゆらペットボトル
　⑤　ゆらゆらトス

Ⅰ　ペットボトルフィットネスのココがスゴイ！

　基本的に，簡単なものから順に並べています。ただし，多少，順序が変わってしまっても，問題はありません。あくまでも，順序の目安としてください。

　もし時間に余裕がある場合には，各メニューの応用を加えます。たとえば「ゆらゆらペットボトル１」の場合は，手のひらにペットボトルをのせてバランスをとったあとに，反対の手でも同じことをします。

　効き手ではない手を使うので，難しくなります。「難しいことをしてはいけない」と思うかもしれませんが，そんなことはありません。**うまくできるかどうかということよりも，「難しいことでも楽しんで行う」気持ちが大切です。**

　「順番が覚えられない」と言う人は，あらかじめ**メニューをメモに書き出しておくことをおススメ**します。本番の時に，メモを見ながら行っても，ＯＫです。
　また，黒板やホワイトボードなどに，大きく書き出しておけば，忘れることもありませんし，気持ちに余裕をもって，進行することができるようになります。

ペットボトルフィットネスをもっと楽しむために
気持ちよく体を動かすための準備
―間隔をじゅうぶんに空けて行う―

　ペットボトルフィットネスを実践するときには，ペットボトルを投げたり，捕ったりするので，不測の事態に備えて，じゅうぶんに間隔を空けて行います。

　「じゅうぶんな間隔」というのは，両手を前後左右にしても，手と手がぶつからないぐらいの距離です。

　ただし，高齢になると，自分ひとりで他人との間隔を調整するということが，苦手になります。
　そこで，立ったままで行うときには，**参加者に具体的な場所を指定する**とわかりやすいでしょう。
　椅子に腰かけて行うときには，**あらかじめ間隔を空けた状態にして，椅子を並べておく**ことをオススメします。

　ペットボトルフィットネスに限らず，**運動や体操などの体を動かすような活動をする場合には，ぜひ間隔を空けて行ってください。**
　なぜ，ぼくがこんなことを言うかというと，実際には，そうでないケースをよく見かけるからです。

　先日も，現場に行ったら，参加者は，まるで映画館のように，隣の人とくっつくようにして並んで，椅子に腰かけていました。

I　ペットボトルフィットネスのココがスゴイ！

　思わず，「今日は，体操ではなく，講演の日だったかな？」と，勘違いしそうになってしまいました。

　また，ある現場では，「この人は（車いすに座ったままで，体を動かさないから）間隔を空けなくてもいいですか？」と聞かれたことがあります。

　「たとえ体を動かさなくても，間隔は空けておいてください」ぼくは，そうお願いしました。
　なぜなら，狭いスペースに，無理矢理に詰め込まれているように感じたからです。実際に間隔を空けると，その人はニッコリと笑っているように見えました。

　「動かないから間隔を空けない」ではなく，「動かなくても動けるように間隔を空けておく」ことが，その人の気持ちを大切にすることにつながります。

　じゅうぶんに間隔を空けることは，あたりまえのようかもしれませんが，あまりにもあたりまえすぎて，おろそかにされている場合がとても多いようです。

　相手に「気持ちよく体を動かしてほしい」そう思うなら，まず，**気持ちよく体を動かせる環境をつくる**ことから始めましょう。

ペットボトルフィットネスのチェックリスト
－上手に遊び（運動）を支援するために－

　ペットボトルフィットネスがうまくいくかどうかは，事前の準備によって決まると言っても言い過ぎではありません。以下，準備をするときの目安にしてください。

☐ **ペットボトルは，参加者の人数分用意してありますか？**

　　いざ実践というときに，まれに，ペットボトルが足りないことがあります。あらかじめ，ペットボトルの数を確認しておきましょう。（予備を用意しておくと安心です）

☐ **実践するメニューは，きちんと決めてありますか？**

　　行き当たりばったりでは絶対にうまくいきません。実践するメニューは，頭の中で決めておくだけでなく，あらかじめメモに書き出しておきましょう。

☐ **間隔は充分に空けていますか？**

　　不測の事態に備えて，両手をひろげてもぶつからないように，充分な間隔を空けましょう。

☐ **はじめとおわりに簡単な体操をしましょう。**

　　例　手をぶらぶらする，首をまわす，肩を上げ下げする，肩をまわす，腕を振りながら足踏みをする，深呼吸をする

II
ペットボトルフィットネスの
30の魔法のメニュー

体をほぐしてスッキリしましょう

肩たたき

ペットボトルでたたけば，気分爽快（そうかい）！

順序の目安	**肩たたき**→8の字→スッキリ体操1

● ねらい

手や腕を動かす　リラックスする

● すすめ方

① 立位（りつい），座位（ざい）のどちらでもOKです。
② ペットボトルを逆さまにして，ペットボトルの細い部分を片手でつかみます。
③ **頭を横に傾けて，ペットボトルで自分の肩を軽くたたきます。**
④ 首の付け根，首の後ろ，背中の上など，首回りをまんべんなくたたくようにします。
⑤ ペットボトルをもう一方の手に持ち替え，頭を反対に傾けて，同じことを繰り返します。
⑥ 肩まわりがほぐれて，気分がスッキリします。

Ⅱ　ペットボトルフィットネスの 30 の魔法のメニュー

＊ポイント＊
○頭を，（たたく方と反対の方に）少し傾けると，ペットボトルでたたきやすくなります。

☆ 応　用
弱めに，強めに，力加減を変えながら行い，自分のちょうどよい力加減を見つけましょう。

体をほぐしてスッキリしましょう

8の字

8の字を描いて，腕や肩を動かしましょう。

順序の目安	肩たたき→**8の字**→スッキリ体操1

● **ねらい**

腕や肩を動かす　手首の柔軟性を高める

● **すすめ方**

① 立位，座位のどちらでも OK です。
② 脚(あし)を肩幅に広げて，背筋を伸ばします。
③ ペットボトルを逆さまにして，ふたに近い細いところを片手で持ちます。
④ **空中に，ペットボトルで，大きな8の字を描きます。**
⑤ 10回行ったら，反対の手でも同じようにして行います。

Ⅱ　ペットボトルフィットネスの 30 の魔法のメニュー

＊ポイント＊
○ 8 の字を「大きく描く」ようにします。大きく描くときには，手だけではなく，腕や肩から動かすようにします。

☆ 応 用
小さな 8 の字を，手首だけを動かして描いてみましょう。

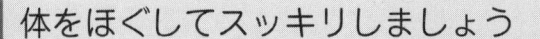

体をほぐしてスッキリしましょう

③ スッキリ体操 1

自然に，腕が上がって，肩まわりが動くようになります。

順序の目安	8の字→**スッキリ体操1**→スッキリ体操2

● ねらい

腕や肩を動かす　けがを予防する

● すすめ方

① 立位，座位のどちらでも OK です。
② 脚を肩幅に広げて，背筋を伸ばします。
③ ペットボトルを，顔の前で片手で持ちます。
④ ペットボトルを，**頭の後ろに持っていき，反対の手に持ち替えます。**
⑤ ペットボトルを，顔の前にもどして，もとの手に持ち替えます。
⑥ 声を出して数をかぞえながら，10 回まわしてみましょう。

Ⅱ　ペットボトルフィットネスの 30 の魔法のメニュー

＊ポイント＊
○ペットボトルを頭の後ろに持っていくときに，あごを引きながらやりましょう。

☆ 応 用
同じようにして，反対まわしもやってみましょう。

④ スッキリ体操 2

体をほぐしてスッキリしましょう

腕といっしょに上半身も動くようになります。

| 順序の目安 | スッキリ体操 1 →**スッキリ体操 2** → スッキリ体操 3 |

● ねらい

上体を前に曲げる　柔軟性を高める

● すすめ方

① 立位，座位のどちらでも OK です。
② 両脚を閉じます。
③ ペットボトルを，おへその前で片手で持ちます。
④ ペットボトルを，**ひざの後ろで反対の手に持ち替えます。**座位の場合は，ひざの下で持ち替えます。
⑤ ペットボトルを，おへその前で，もとの手に持ち替えます。
⑥ ペットボトルを腰の後ろで，反対の手に持ち替えます。
⑦ 声を出して数をかぞえながら，10 回まわしてみましょう。

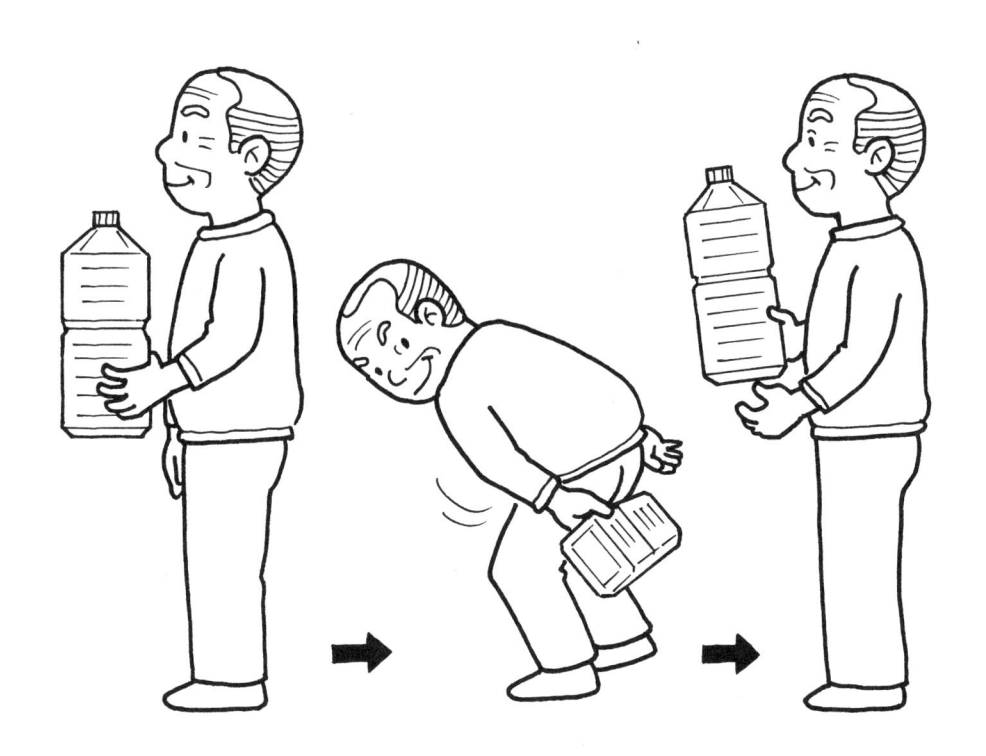

Ⅱ　ペットボトルフィットネスの30の魔法のメニュー

*****ポイント*****
○ペットボトルをひざの後ろで持ち替えるときに，上体を少し
　前に倒しながら行いましょう。

☆ 応　用
反対まわしもやってみましょう。

37

体をほぐしてスッキリしましょう

⑤ スッキリ体操3

もがいているうちに，いつの間にか体がほぐれます。

| 順序の目安 | スッキリ体操2→**スッキリ体操3**→重量挙げ |

● ねらい

腕や肩を大きく動かす　柔軟性を高める

● すすめ方

① 立位，座位のどちらでもOKです。
② 脚を肩幅に広げて，背筋を伸ばします。
③ ペットボトルのふたのところを，片手で持ちます。
④ ペットボトルを，肩の上に持ち上げます。
⑤ ペットボトルを，**後ろ（背中）で，上の手から下の手へ持ち替えます。**
⑥ ペットボトルを，顔の前で元の手に持ち替えます。
⑦ 声を出して数をかぞえながら，10回まわしてみましょう。

Ⅱ　ペットボトルフィットネスの 30 の魔法のメニュー

＊ポイント＊
○ペットボトルが手に届かなければ，ペットボトルを下の手に落としてみましょう。

☆ 応 用
反対の手を上にして，同じようにやってみましょう。

⑥ 重量挙げ

体をほぐしてスッキリしましょう

声を出せば，心も体も元気になります。

| 順序の目安 | スッキリ体操3→**重量挙げ**→剣道の達人 |

● ねらい

腕や肩を動かす　声を出す

● すすめ方

① 立位，座位のどちらでも OK です。
② 脚を肩幅に広げて，背筋を伸ばします。
③ ペットボトルを横にして，ひざの上に置きます。
④ ペットボトルを両手で，上から持ちます。
⑤ **「1」で肩まで上げて，「2」で上に持ち上げて，「3」で肩まで下げて，「4」でひざの上に置きます。**
⑥ 声を出して，数をかぞえながら，10 回繰り返しましょう。
⑦ 声を出せば，気持ちがスッキリします。

Ⅱ　ペットボトルフィットネスの30の魔法のメニュー

いちっ 1!
にいっ 2!
さんっ 3!
しいっ 4!

ポイント

○「いちっ！」「にいっ！」「さんっ！」「しいっ！」と，強い口調で数えてみましょう。

☆ 応　用

両手ではなく，片手だけで同じようにやってみましょう。

⑦ 剣道の達人

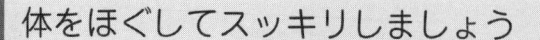

体をほぐしてスッキリしましょう

思いっきり振り回して，気分スッキリ！ ストレス発散！

| 順序の目安 | スッキリ体操3→重量挙げ→**剣道の達人** |

● ねらい

ストレスを発散する　握力の向上

● すすめ方

① 立位，座位のどちらでも OK です。
② ペットボトルを逆さまにして，ペットボトルの細い部分を，両手でつかみます。
③ ペットボトルをおへその前で構えます。
④ ペットボトルを，ゆっくりと頭の上に持ち上げます。
⑤ ペットボトルを，**まっすぐ振り下ろして，おへその前で止めます。**
⑥ ペットボトルを思いっきり振り下ろせば，気分がスッキリします。
⑦ 声を出して数をかぞえながら，10 回繰り返して行います。

Ⅱ　ペットボトルフィットネスの 30 の魔法のメニュー

＊ポイント＊
○始めるときはおへその前で構えて，終わるときはおへその前で止めるようにします。

☆ 応　用
「えいっ！」「やあっ！」，元気にかけ声をかけながらやってみましょう。

バランス感覚を楽しみましょう

⑧ ゆらゆらペットボトル1

「落ちないように」手のひらに全神経を集中！

| 順序の目安 | ゆらゆらペットボトル1→ゆらゆらペットボトル2→ゆらゆらペットボトル3 |

● ねらい

指をひろげる　手先の巧緻性（器用に動かす能力）を高める

● すすめ方

① 立位，座位のどちらでも OK です。
② 片手を胸の前に出して，手のひらを上にします。
③ **ペットボトルの底を下にした状態で，**ペットボトルを手のひらに立たせます。
④ ペットボトルを下に落とさないように注意しながら，声を出して 10 かぞえます。
⑤ 最後までうまくいけば，大成功です。
⑥ 反対の手でもトライしましょう。

Ⅱ　ペットボトルフィットネスの 30 の魔法のメニュー

1.2.3‥‥‥10

＊ポイント＊
○ペットボトルは，胸の前で，静止するようにしましょう。

☆ 応　用
手のひらを下にして，手の甲の上にペットボトルを立てます。

バランス感覚を楽しみましょう

⑨ ゆらゆらペットボトル2

パーでは簡単にできても，グーになると……。

| 順序の目安 | ゆらゆらペットボトル1 → **ゆらゆらペットボトル2**
→ゆらゆらペットボトル3 |

● ねらい

手を握る　集中力をアップする

● すすめ方

① 　立位，座位のどちらでも OK です。
② 　片手を胸の前に出します。
③ 　手のひらを上にして，手を握ります。
④ 　**その握った手の上に，ペットボトルの底を下にした状態で，ペットボトルを立たせます。**
⑤ 　ペットボトルを下に落とさないように注意しながら，声を出しながら 10 かぞえます。
⑥ 　最後までうまくいけば，大成功です。
⑦ 　反対の手でもトライしましょう。

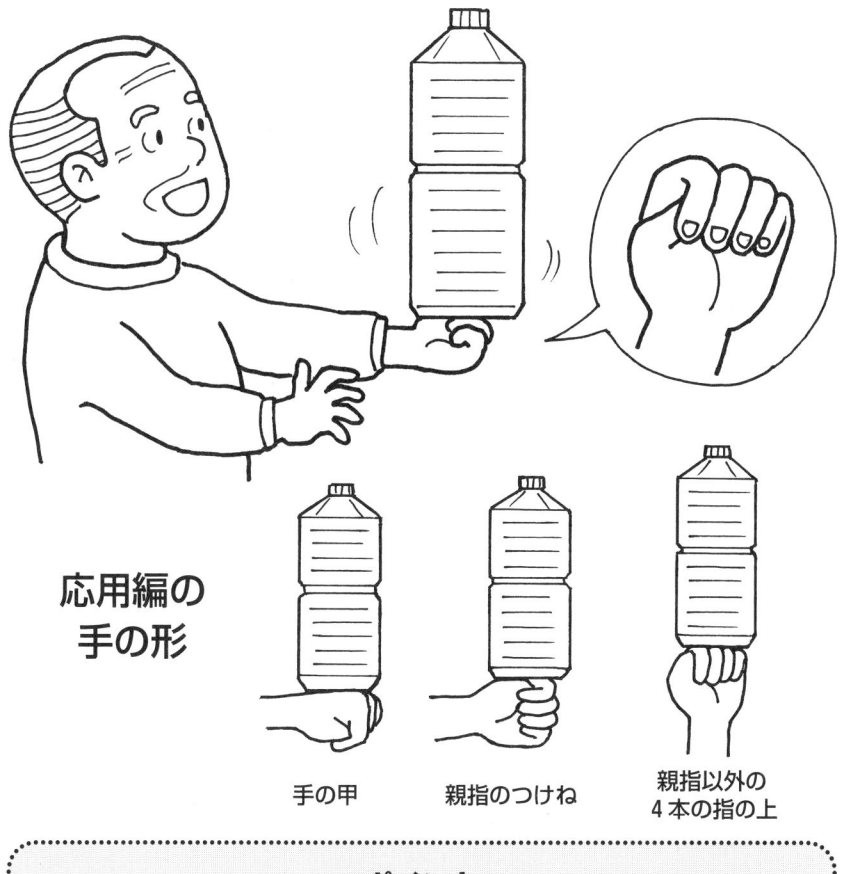

Ⅱ　ペットボトルフィットネスの30の魔法のメニュー

応用編の
手の形

手の甲　　親指のつけね　　親指以外の
　　　　　　　　　　　　4本の指の上

> ＊ポイント＊
> ○手を握るときには，親指をつかむようにして，手を握りましょう。

☆ 応　用

握った手のいろいろな位置にのせてみましょう。（手の甲，親指のつけね，親指以外の4本の指の上）

バランス感覚を楽しみましょう

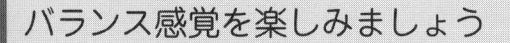

⑩ ゆらゆらペットボトル3

神経を集中するのは，「頭の上」です。

順序の目安	ゆらゆらペットボトル2→**ゆらゆらペットボトル3**→超ゆらゆらペットボトル

● ねらい

よい姿勢を保つ　集中力をアップする

● すすめ方

① 立位，座位のどちらでも OK です。
② 脚(あし)を肩幅に広げて，背筋を伸ばします。
③ **ペットボトルの底を下にして，頭の上にのせます。**
④ ペットボトルが頭の上にうまくのったと思ったら，支えている手をペットボトルからそうっと離します。
⑤ ペットボトルを落とさないように注意しながら，声を出して，10 かぞえます。
⑥ 最後までうまくいけば大成功です。

Ⅱ　ペットボトルフィットネスの 30 の魔法のメニュー

＊ポイント＊
○バランスがとれたと思ったら，ペットボトルから静かに手を
　離すようにしましょう。

☆ 応　用

ペットボトルを落とさないように，その場で腕を振りながら，足踏
みしてみましょう。

バランス感覚を楽しみましょう

⑪ 超ゆらゆらペットボトル

子どもの頃に，ほうきでこんな遊びをやりました。

| 順序の目安 | ゆらゆらペットボトル3→**超ゆらゆらペットボトル**→ゆらゆらトス |

● ねらい

手先の巧緻性を高める　バランス感覚を楽しむ

● すすめ方

① 立位，座位のどちらでも OK です。
② 片手を胸の前に出して，手のひらを上にします。
③ **その手の上に，ペットボトルのふたを下にして（逆さまにして），ペットボトルを立たせます。**
④ ペットボトルがうまく立ったと思ったら，支えている手をそうっと離します。
⑤ ペットボトルを落とさないように注意しながら，声を出して10かぞえます。
⑥ 最後までうまくいけば大成功です。

Ⅱ　ペットボトルフィットネスの 30 の魔法のメニュー

1.2.3・・・・・10

＊ポイント＊

○椅子に腰かけて行う場合には，あまり無理をしないように，「落としたら，また繰り返して行えばよい」ように話しておきましょう。

☆ 応　用

時計で時間をはかって，自己ベストタイムを記録しておきましょう。次回の参考タイムにしましょう。

⑫ バランス感覚を楽しみましょう
ゆらゆらトス

手から手へ，倒さないように，落とさないように。

順序の目安	ゆらゆらペットボトル3→超ゆらゆらペットボトル→**ゆらゆらトス**

● ねらい

指をひろげる　手先の巧緻性を高める

● すすめ方

① 立位，座位のどちらでも OK です。
② 片手を胸の前に出して，手のひらを上にします。
③ その手の上に，ペットボトルの底を下にした状態で，ペットボトルを立たせます。
④ **ペットボトルを倒さないように手のひらを動かしながら，ペットボトルを反対の手のひらに移動させます。**
⑤ ペットボトルを倒さずにできれば，大成功です。
⑥ 5～10回，繰り返して行いましょう。

Ⅱ　ペットボトルフィットネスの 30 の魔法のメニュー

左手から右手へ

＊ポイント＊
○受け取る手のひらの上に，上からペットボトルを静かに落とすつもりでやってみましょう。

☆ 応　用
同じようにして，ペットボトルを元の手にもどしてみましょう。

脚を使って楽しみましょう

⑬ バランス上手1

倒れそうで倒れない，けれど倒れないようで倒れます。

| 順序の目安 | バランス上手1→バランス上手2→起こしてみよう1 |

● ねらい

脚の動きを意識する　集中力をアップする

● すすめ方

① 椅子に腰かけて行います。
② 両脚を閉じて，背筋を伸ばします。
③ **閉じた脚（ひざ）の上に，ペットボトルの底を下にした状態にして，ペットボトルを立たせます。**
④ ペットボトルがうまく立ったと思ったら，支えている手をペットボトルからそうっと離します。
⑤ ペットボトルが倒れないように注意しながら，声を出して10かぞえましょう。
⑥ 最後までうまくいけば大成功です。

Ⅱ　ペットボトルフィットネスの30の魔法のメニュー

＊ポイント＊

○片脚ではなく，ひざを閉じて，両脚の上にペットボトルをのせるようにします。（ひざの間にはさむのではなく，ひざの上にのせてください）

☆ 応 用

時計で時間をはかって，自己ベストタイムを記録しておきましょう。次回行うときの参考タイムにしましょう。

脚を使って楽しみましょう

⑭ バランス上手2

この微妙なバランス感覚、やってみればわかります。

| 順序の目安 | バランス上手1→**バランス上手2**→起こしてみよう1 |

● ねらい

脚の動きを意識する　集中力をアップする

● すすめ方

① 椅子に腰かけて行います。
② 両脚を閉じて座ります。
③ **閉じた両脚の甲の上に，ペットボトルの底を下にした状態にしてのせます。**
④ うまくバランスがとれたと思ったら，支えている手をペットボトルからそうっと離します。
⑤ ペットボトルを落とさないように注意しながら，声を出して10かぞえます。
⑥ 最後までうまくいけば大成功です。

Ⅱ　ペットボトルフィットネスの 30 の魔法のメニュー

いいですよー
その調子

＊ポイント＊

○片脚ではなく，両脚を閉じて，両脚の（甲の）上にペットボトルをのせるようにします。

☆ 応　用

時計で時間をはかって，自己ベストを記録しておきましょう。次回行うときの参考タイムにしましょう。

脚を使って楽しみましょう

⑮ 起こしてみよう１

「あと，もうちょっと」そこがおもしろいところです。

順序の目安	バランス上手２→**起こしてみよう１**→起こしてみよう２

● ねらい

足指の巧緻性を高める　達成感をあじわう

● すすめ方

① 椅子に腰かけて行います。
② ペットボトルを横に倒した状態で，足元に置きます。
③ 手は一切使わずに，**脚だけをうまく使って，ペットボトルを起こします。**
④ ペットボトルがうまく起き上がれば，大成功です。

Ⅱ　ペットボトルフィットネスの30の魔法のメニュー

＊ポイント＊

○上履きなどの，かかとのあるくつで行うとよいでしょう。ス
　リッパを履いている場合は，スリッパを脱いでから行いま
　しょう。

☆ 応　用
両脚がうまくできたら，片脚だけで，やってみましょう。

⑯ 起こしてみよう2

脚を使って楽しみましょう

脚だけで，ペットボトルが逆さになる!?

| 順序の目安 | 起こしてみよう1→**起こしてみよう2**→アップ&ダウン |

● ねらい

足指の巧緻性を高める　達成感をあじわう

● すすめ方

① 椅子に腰かけて行います。
② 脚を肩幅に広げて，背筋を伸ばします。
③ ペットボトルを横に倒した状態で，足元に置きます。
④ 手を一切使わずに，**脚だけを使って，ペットボトルを起こします。**
⑤ ただし，ペットボトルはふたが下になるように，逆さになるように起こします。
⑥ ペットボトルがうまく逆さに立てば，大成功です。

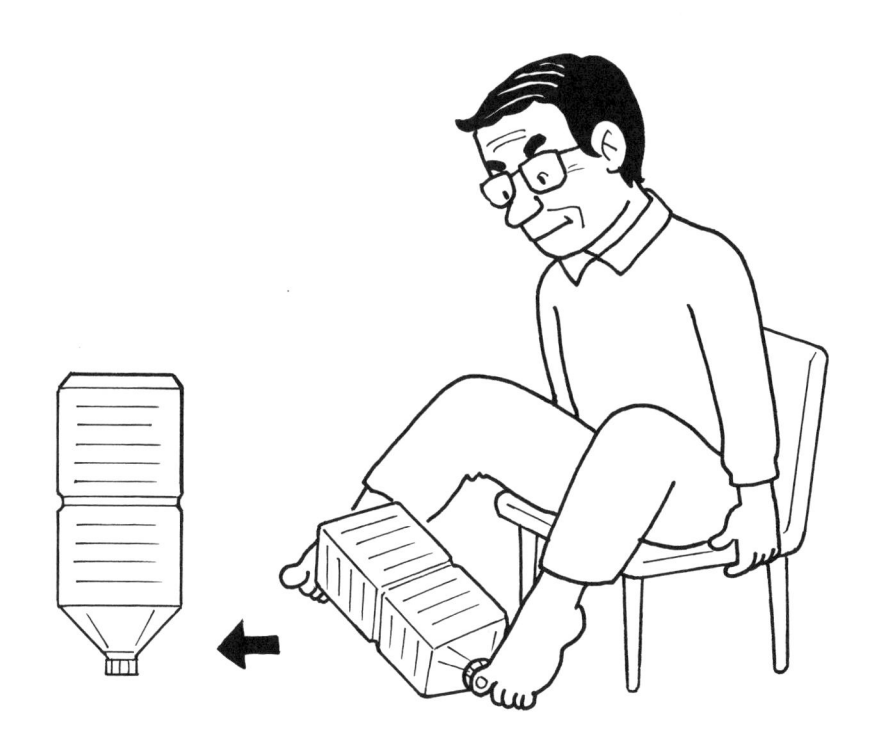

Ⅱ　ペットボトルフィットネスの 30 の魔法のメニュー

> **＊ポイント＊**
> ○ペットボトルのふたの形によって，ペットボトルが逆さまに立たないものがあります。その場合は，ふたをはずしてしまえば，OK です。

☆ 応　用

時計で時間をはかって，最高タイムを記録しておきましょう。次回の参考タイムの目安として使いましょう。

⑰ アップ＆ダウン

脚を使って楽しみましょう

慎重に行動することが，成功の秘訣です。

| 順序の目安 | 起こしてみよう２→**アップ＆ダウン**→反射キャッチ |

● ねらい

両脚をあげる　筋力（腹筋）を養う

● すすめ方

① 椅子に腰かけて行います。
② 脚を肩幅に広げて，背筋を伸ばします。
③ 足元に，ペットボトルを立てて置きます。
④ 両脚で，ペットボトルを左右からはさんで，少し上に持ち上げます。
⑤ **ペットボトルを倒さないように，静かに下におろします。**
⑥ ペットボトルから脚をはなして倒れなければ大成功です。
⑦ ５〜10回，繰り返して行います。

Ⅱ　ペットボトルフィットネスの 30 の魔法のメニュー

＊ポイント＊
○ペットボトルは，高く持ち上げる必要はありません。10 センチぐらいを目安にしましょう。

☆ 応　用
ペットボトルを，できるだけ高く持ち上げてから，おろしてみましょう。

脚を使って楽しみましょう

⑱ 反射キャッチ

これができれば，Ｊリーガーになれるかも？

| 順序の目安 | 起こしてみよう２→アップ＆ダウン→**反射キャッチ** |

● ねらい

両脚をあげる　筋力（腹筋）を養う

● すすめ方

① 椅子に腰かけて行います。
② 脚を肩幅に広げて，背筋を伸ばします。
③ 足元に，ペットボトルを倒して置きます。
④ 両脚で，ペットボトルをはさんで上に持ち上げます。
⑤ **両脚をひろげて，ペットボトルから脚を素早くはなします。**
⑥ ペットボトルが床に落ちる前に，脚でキャッチします。
⑦ うまくできれば大成功です。

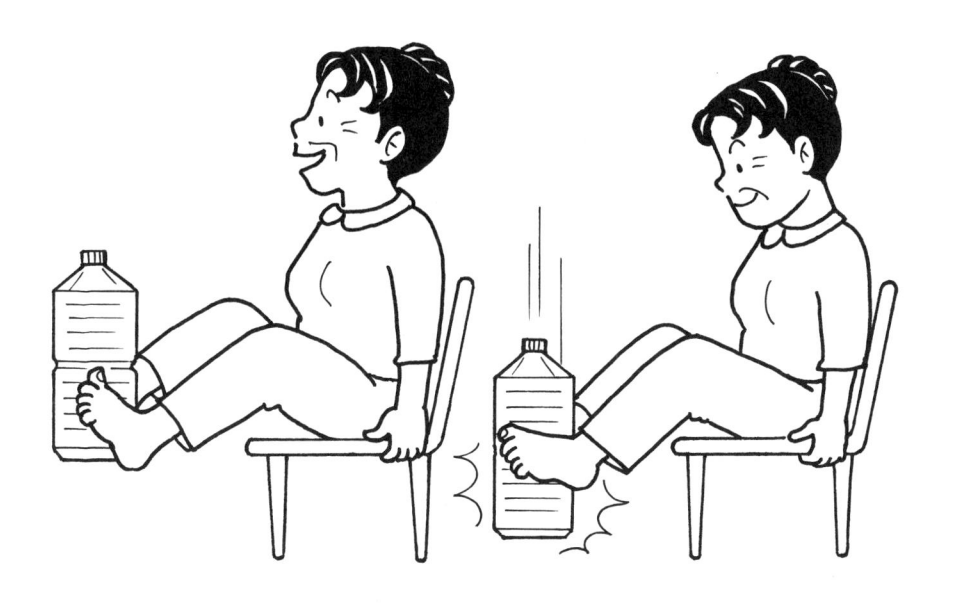

Ⅱ　ペットボトルフィットネスの 30 の魔法のメニュー

＊ポイント＊
○ペットボトルの下（底に近いところ）を，脚ではさむように
　して持ち上げ，はなします。

☆ 応　用

10 回行い，何回成功できるかトライしましょう。

投げて捕って楽しみましょう

⑲ どきどきキャッチ

落とさないように気をつけて，両手でやさしくていねいに。

順序の目安	どきどきキャッチ→ロケットキャッチ→シングルキャッチ

● ねらい

動体視力を向上する　手先の巧緻性を高める

● すすめ方

① 立位，座位のどちらでも OK です。
② 脚を肩幅に広げて，背筋を伸ばします。
③ ペットボトルを，胸の前で，両手で持ちます。
④ ペットボトルは，横に寝かせた状態で，両手で下から持つようにします。
⑤ **ペットボトルを横に寝かせた状態のまま，両手で上に投げます。**
⑥ 上から落ちてくるペットボトルを両手でキャッチします。
⑦ うまくキャッチできれば大成功です。
⑧ 声を出してかぞえながら，5～10 回繰り返して行いましょう。

Ⅱ　ペットボトルフィットネスの 30 の魔法のメニュー

＊ポイント＊

○ペットボトルを上に投げるときには，鼻の高さを目安にします。あまり高く投げる必要はありません。

☆ 応　用

鼻の高さ，目の高さ，頭の高さ，頭の上と，徐々に投げる高さを上げていきましょう。

投げて捕って楽しみましょう

⑳ ロケットキャッチ

キャッチのしかたが，ふつうとはちょっと違います。

順序の目安	どきどきキャッチ→**ロケットキャッチ**→シングルキャッチ

● ねらい

動体視力を向上する　手先の巧緻性を高める

● すすめ方

① 立位，座位のどちらでも OK です。
② 脚を肩幅に広げて，背筋を伸ばします。
③ ペットボトルを，胸の前で，持ちます。
④ ペットボトルは，ふたを上にして，両手で左右からつかむようにして持ちます。
⑤ **ロケットが発射するように，ペットボトルを上に投げます。**
⑥ 落ちてくるペットボトルを，投げたときと同じ状態で，両手でしっかりとキャッチします。
⑦ うまくキャッチできれば大成功です。
⑧ 声を出して数をかぞえながら，5〜10 回繰り返して行いましょう。

Ⅱ　ペットボトルフィットネスの30の魔法のメニュー

＊ポイント＊

○赤ちゃんを,「高い高い」するようなイメージで投げてみましょう。

☆ 応　用

頭の高さ，頭から10センチ上，20センチ上，30センチ上と徐々に高さを上げていきましょう。

投げて捕って楽しみましょう

㉑ シングルキャッチ

使えるのは片手だけです。

| 順序の目安 | ロケットキャッチ→**シングルキャッチ**→目隠しキャッチ |

● ねらい

手先の巧緻性を高める　集中力を高める

● すすめ方

① 立位，座位のどちらでも OK です。
② 脚を肩幅に広げて，背筋を伸ばします。
③ 胸の前で，ペットボトルを持ちます。
④ ペットボトルは，ふたを上にして，立てた状態にして，両手でつかみます。
⑤ ロケットが発射するように，ペットボトルを上に投げます。
⑥ 下に落ちてくるペットボトルを，**片手だけでキャッチします。**
⑦ うまくキャッチできれば大成功です。
⑧ 声を出して数をかぞえながら，5～10 回繰り返しましょう。

Ⅱ　ペットボトルフィットネスの 30 の魔法のメニュー

ポイント
○ペットボトルを，胸の前からまっすぐ上に投げるようにしてみましょう。

☆ 応 用
反対の手で，同じように挑戦してみましょう。

投げて捕って楽しみましょう

㉒ 目隠しキャッチ

頼りになるのは，あなたの勘だけです。

| 順序の目安 | シングルキャッチ→**目隠しキャッチ**→宙返り |

● ねらい

予測して手を動かす　達成感をあじわう

● すすめ方

① 立位，座位のどちらでも OK です。
② 脚を肩幅に広げて，背筋を伸ばします。
③ 胸の前で，ペットボトルを両手で持ちます。
④ ペットボトルは，横にした状態で，手のひらを上にして下から持つようにします。
⑤ そのままの状態で，両手でペットボトルを上に投げます。
⑥ **投げたあとに，静かに目を閉じます。**
⑦ 目を閉じたままで，落ちてくるところを予測して両手を前に出します。
⑧ うまくキャッチできれば大成功です。

Ⅱ　ペットボトルフィットネスの30の魔法のメニュー

＊ポイント＊
○はじめは，あごの高さぐらいを目安に投げましょう。高く投げる必要はありません。

☆ 応 用
10回行い，何回成功できるかトライしましょう。

㉓ 宙返り

投げて捕って楽しみましょう

フライパンを使うように，ひっくり返してください。

順序の目安	目隠しキャッチ→**宙返り**→反射つかみどり

● ねらい

手首の柔軟性を高める　手先の巧緻性を養う

● すすめ方

① 立位，座位のどちらでも OK です。
② 脚を肩幅に広げて，背筋を伸ばします。
③ おへその前で，ペットボトルを持ちます。
④ ペットボトルは，横に寝かせた状態にして持ちます。
⑤ 底が体を，ふたが外を向くようにして，両手で持ちます。
⑥ **ペットボトルを上に投げて，半回転（180度）させます。**
⑦ 落ちてくるペットボトルを両手でしっかりキャッチします。
⑧ ふたが体を向いている状態で，うまくキャッチできれば大成功です。
⑨ 5〜10回，繰り返します。
⑩ 反対の手でも，やってみましょう。

Ⅱ　ペットボトルフィットネスの30の魔法のメニュー

ポイント
○投げるときも捕るときも,「おへその前」を意識して行いましょう。

☆ 応　用
1回転（360度）させてキャッチしてみましょう。

投げて捕って楽しみましょう

㉔ 反射つかみどり

思わず集中！　集中するから楽しくなります。

| 順序の目安 | 目隠しキャッチ→宙返り→**反射つかみどり** |

● ねらい

反射神経を養う　達成感をあじわう

● すすめ方

① 立位，座位のどちらでも OK です。
② 脚を肩幅に広げて，背筋を伸ばします。
③ 胸の前で，ペットボトルを持ちます。
④ ペットボトルは，ふたを上にして，立てた状態にします。
⑤ ペットボトルの半分より下を，片手でつかみます。
⑥ **ペットボトルから素早く手をはなして，ペットボトルが下に落ちる前に，つかみます。**
⑦ うまくキャッチできれば大成功です。
⑧ 5〜10 回，繰り返します。
⑨ 反対の手でも，やってみましょう。

Ⅱ　ペットボトルフィットネスの 30 の魔法のメニュー

＊ポイント＊
○ペットボトルは，上に投げるのではなく，手は上下させずに，素早く指だけを動かすようにします。

☆ 応　用

ペットボトルの上をつかんでおいてから，素早く手を離して，下をつかんでみましょう。

人とのふれあいを楽しみましょう

㉕ ふれあいパス

パスをすると，自然に気持ちが通じ合います。

順序の目安	**ふれあいパス**→ふれあいダブルパス1→ふれあいダブルパス2

● **ねらい**

動体視力を向上させる　人と協力する

● **すすめ方**

① 2人1組のペアをつくります。
② 立位，座位のどちらでもOKです。
③ 2人の間隔を1～2mぐらいとします。
④ ペットボトルを1つ用意します。
⑤ どちらか1人がペットボトルを持ちます。
⑥ **ペットボトルを，両手で，下から，相手にパスします。**
⑦ 両手でペットボトルをキャッチします。
⑧ うまくキャッチできれば大成功です。
⑨ 2人でいっしょに声を出して数をかぞえながら，20～30回繰り返しましょう。

Ⅱ　ペットボトルフィットネスの 30 の魔法のメニュー

○○さん
はいっ!!

＊ポイント＊
○パスをするときには，両手で，下から，相手のおへそをねらっ
　て投げてみましょう。

☆ 応　用
　「○○さん，はいっ！」と，相手の名前を呼びながらパスをしてみ
ましょう。

人とのふれあいを楽しみましょう

㉖ ふれあいダブルパス1

投げながら，捕るときのことも考えておきましょう。

順序の目安	ふれあいパス→**ふれあいダブルパス1**→ふれあいダブルパス2

● ねらい

動体視力を向上させる　人と協力する

● すすめ方

① 2人1組のペアをつくります。
② 立位，座位のどちらでも OK です。
③ 2人の間隔を1～2mぐらいとします。
④ ペットボトルを2つ用意して，それぞれが1つずつ持ちます。
⑤ **2人でかけ声をかけながらタイミングを合わせて，同時に，ペットボトルをパスします。**
⑥ ペットボトルを両手でしっかりとキャッチします。
⑦ 2人とも，うまくキャッチできれば，大成功です。
⑧ 20～30回，繰り返します。

Ⅱ　ペットボトルフィットネスの30の魔法のメニュー

＊ポイント＊
○2人でいっしょに声をかけながら行いましょう。

☆ 応 用

2人の間隔を3〜4mに，遠くして行います。

人とのふれあいを楽しみましょう

㉗ ふれあいダブルパス2

投げるときも両手，捕るときも両手です。

順序の目安	ふれあいダブルパス1→**ふれあいダブルパス2**→かけ声パス

● ねらい

人と協力する　達成感をあじわう

● すすめ方

① 2人1組のペアをつくります。
② 立位，座位のどちらでも OK です。
③ 2人の間隔を1〜2m ぐらいとします。
④ ペットボトルを2つ用意します。
⑤ どちらか1人が，ペットボトルを2つ持ちます。
⑥ **2つのペットボトルを同時に相手にパスします。**
⑦ 1つキャッチできれば成功，2つキャッチできれば大成功です。
⑧ 20〜30回，繰り返して行います。

Ⅱ　ペットボトルフィットネスの 30 の魔法のメニュー

＊ポイント＊
○相手の手の近くで，下から静かに投げるようにしましょう。

☆ 応　用
2人の間隔を3〜4mに，遠くして行います。

人とのふれあいを楽しみましょう

㉘ かけ声パス

2人の息を合わせて,「せーのー,はいっ！」

順序の目安	ふれあいダブルパス2→**かけ声パス**→ペットボトルちゃんばら

● ねらい

ストレスを解消する（声を出す）　人と協力する

● すすめ方

① 2人1組のペアをつくります。
② 立位,座位のどちらでもOKです。
③ 握手できる距離で向かい合わせになります。
④ ペットボトルを2つ用意して,1つずつ手に持ちます。
⑤ 右手にペットボトルを持ちます。
⑥ 左手は前に出して,手のひらを上にします。
⑦ **タイミングをあわせて,2人同時に,相手の左手の上にペットボトルを置きます。**
⑧ 左手のペットボトルを右手に持ち替えます。
⑨ うまくできれば大成功です。
⑩ 20〜30回,繰り返して行います。

Ⅱ　ペットボトルフィットネスの30の魔法のメニュー

ハイッ!!　　ハイッ!!

ポイント

○右手で置く（渡す）ことを確認しましょう。

☆ 応 用

「うさぎとかめ」（もしもしかめよ〜）の歌に合わせながら，トライしてみましょう。

「もし（置く）」「もし（持ち替える）」「かめ（置く）」「よ（持ち替える）」

人とのふれあいを楽しみましょう

㉙ ペットボトルちゃんばら

打ち合うことだけが，ちゃんばらではありません。

順序の目安	かけ声パス→**ペットボトルちゃんばら**→真剣つかみどり

● ねらい

手や腕を動かす　楽しさをあじわう

● すすめ方

① 立位，座位のどちらでも OK です。
② 2人1組のペアをつくります。
③ 握手ができるくらいの距離で，向かい合わせになります。
④ じゃんけんをして，先攻（せんこう）と後攻（こうこう）を決めます。
⑤ ペットボトルを逆さまにして，細い部分を両手でつかみます。
⑥ ペットボトルを，おへその前で構えます。
⑦ 2人でいっしょに，「せーの」とかけ声をかけたあとに，ペットボトルを次のいずれかのように動かします。
　　1．頭の上に振り上げる　　2．右に出す　　3．左に出す
⑧ **先攻の人と，同じ動きをしてしまったら，負けとなります。**
⑨ 攻守交代をして，繰り返します。

Ⅱ　ペットボトルフィットネスの30の魔法のメニュー

＊ポイント＊
○ペットボトルをおへその前で構えた後に，一度静止してから，かけ声をかけましょう。

☆ 応　用
互いに交代しながら5回戦行い，勝負を楽しみましょう。

人とのふれあいを楽しみましょう

㉚ 真剣つかみどり

いつ落ちるのか？　ハラハラどきどきです。

順序の目安	かけ声パス→ペットボトルちゃんばら→**真剣つかみどり**

● ねらい

反射神経を養う　手先の巧緻性(こうち)を高める

● すすめ方

① 2人1組のペアをつくります。
② 立位，座位のどちらでも OK です。
③ ペットボトルを1つ用意します。
④ 握手ができる距離で，向かい合わせになります。
⑤ どちらか1人が声をかけて（合図をして），ペットボトルを上から落とします。
⑥ もう1人は，**落ちてきたペットボトルを，両手でキャッチします。**
⑦ 落とさずにうまくキャッチできれば大成功です。
⑧ 5～10回，繰り返します。
⑨ 落とす人とキャッチする人を，交替して行います。

Ⅱ　ペットボトルフィットネスの 30 の魔法のメニュー

いくよー

はいっ

＊ポイント＊
○ペットボトルをキャッチする位置は胸の前。ペットボトルを落とす位置は，目の高さを目安にします。

☆ 応　用
声をかけずに（合図をせずに），落としましょう。

おわりに
遊びが運動につながる

　ある運動の専門家によれば，「よい」体育授業の条件として，次の4つをあげています。

① 精一杯運動させてくれる授業
② ワザや力を伸ばしてくれる授業
③ 友人と仲よくさせてくれる授業
④ 新しい発見をさせてくれる授業

　これらの4つの条件は，子どもが「よい」と言ってくれた体育の授業を分析して生まれたそうです。

　では，シニアにおける「よい」運動や体操の支援の条件は，何でしょうか？　ぼくが，この4つの中から，あえて1つだけを選ぶとしたら，①の「精一杯運動させてくれる」ことです。

　ほかの3つは，よい悪いは別として，年齢とともに，実現することが非常に困難になります。困難なことを目指すことは，支援する側にとっても，される側にとっても負担になります。

　どんなに身体機能の個人差があっても，「精一杯運動させてくれること」なら，目指すことは可能です。個人個人の「精一杯」を目

おわりに

指せばよいのですから。

　これまでの経験では，シニアが適度な運動をするためには，「遊び」を運動に取り入れることがとても有効です。なぜなら，遊んでいるうちに，いつの間にか，体を動かしているからです。

　よい教師とは，「"○○しましょう"と言わずに，自然にそうさせてしまう人」だと言います。「体を動かしましょう」と言わずに，自然に体を動かしてしまうペットボトルフィットネスは，まさに，よい教師と言えます。

　ペットボトルフィットネスは，ペットボトルを活用した遊びです。相手を楽しませようなんて考える必要はありません。
　ただただ，遊ぶだけです。
　ペットボトルフィットネスで，楽しく遊びましょう。
　遊びが運動につながる。
　それが，ぼくの考える楽しい運動です。

斎藤道雄

事業案内

クオリティ・オブ・ライフ・ラボラトリー

　現在，次のような仕事をお請けしています。仕事に関するご依頼，ご相談は，お気軽にお問い合わせください。

お請けしている仕事の内容

1　体操講師派遣（デイサービス，介護施設ほか）
2　講演活動（全国各地へうかがいます）
3　人材育成（レクリエーション活動の支援力スキルアップ）
4　執筆（からだを使う遊びやゲーム，をテーマとしたもの）

講演，執筆テーマ

1　シニアのレクリエーション活動をじょうずに支援する
2　身近な道具を利用してできる簡単な運動
3　音楽を利用してできるシニアが動くやさしい体操
4　シニアにできるゲームや遊びのやさしいやり方

　このほか，シニアのレクリエーション活動を支援する上で，お困りのことがございましたら，お気軽にご相談ください。

....

「氏名」「連絡先」「ご依頼内容」を明記の上，
ファックスまたは，メールにてお問い合わせください。
　　メール：info@michio-saitoh.com
　　ファックス：03-3302-7955
　　http://www.michio-saitoh.com

著者紹介

●斎藤道雄

体操講師，クオリティ・オブ・ライフ・ラボラトリー主宰。

まるで魔法をかけたようにシニアのからだを動かす「体操支援のプロ」として活躍。自立するシニアだけではなく，「介護を必要とするシニアにこそ体操支援の専門家が必要」とし，多くの介護施設で定期的に体操支援を実践中。

これまでの「体操」のやり方や，「高齢者」という言葉のイメージにとらわれずに，あくまでも一人ひとりが思う存分にからだを動かすように支援する。言葉がもつ不思議な力を研究し，相手の身体だけではなく気持ちや心に働きかける「斎藤流体操支援法」を編み出す。現場スタッフからは「まるでお年寄りが若返るような体操」「これまでの体操の認識が変わった」「うちのレクリエーションがとても小さく思えた」「（うちの利用者に）こんなに元気があったんだ」と評判となり，顧客を広げる。現場に体操講師を派遣するほか，現場スタッフのための「支援する側もされる側も幸せになる体操支援セミナー」も根強い人気を呼んでいる。

〔おもな著書〕

『シニアもスタッフも幸せになれるハッピーレクリエーション』『シニアのための座ってできる健康体操30＆支援のヒント10』『要支援・要介護の人も楽しめるシニアの心と身体が自然に動く歌体操22』『車椅子の人も片麻痺の人もいっしょにできる楽しいレク30＆支援のヒント10』（以上，黎明書房），『介護スタッフ20のテクニック―遊びから運動につなげる50のゲーム』『身近な道具でらくらく介護予防―50のアイディア・ゲーム』（以上，かもがわ出版）ほか多数。

イラスト・岡崎園子

魔法(まほう)のペットボトルで手軽(てがる)にフィットネス

2012年8月20日　初版発行

著　者	斎(さい)藤(とう)道(みち)雄(お)	
発行者	武馬久仁裕	
印　刷	株式会社　太洋社	
製　本	株式会社　太洋社	

発 行 所　　株式会社　黎(れい)明(めい)書(しょ)房(ぼう)

〒460-0002　名古屋市中区丸の内3-6-27　EBSビル
☎052-962-3045　FAX 052-951-9065　振替・00880-1-59001
〒101-0047　東京連絡所・千代田区内神田1-4-9
松苗ビル4階　☎03-3268-3470

落丁本・乱丁本はお取替します。　ISBN978-4-654-05699-6
© M. Saito 2012, Printed in Japan

軽い認知症の方にもすぐ役立つ
なぞなぞとクイズ・回想法ゲーム

今井弘雄著　Ａ５判・93頁　1600円

シリーズ・シニアが笑顔で楽しむ①　とんちクイズや四字熟語，ことわざのクイズなど，軽い頭の体操として楽しめる問題を多数収録。軽い認知症の方も楽しめる回想法を使ったゲームを実践例などとともに紹介。

シニアのための座ってできる
健康体操30＆支援のヒント10

斎藤道雄著　Ａ５判・93頁　1600円

シリーズ・シニアが笑顔で楽しむ②　心と身体を元気にする座ったままできる体操30種を，体操のねらい，支援のポイントとあわせて紹介。身体を動かしたくなる雰囲気づくりのコツがわかる「支援のヒント」付き。

要支援・要介護の人も楽しめる
シニアの心と身体が自然に動く歌体操22

斎藤道雄著　Ａ５判・93頁　1600円

シリーズ・シニアが笑顔で楽しむ③　グー・チョキ・パーや手拍子など，シンプルな動きだけでできる，かんたんで楽しい歌体操11曲22種を紹介。身体機能のレベルにかかわらず，誰でも気軽に楽しめます。

シニアが楽しむちょっとしたリハビリのための
手あそび・指あそび

今井弘雄著　Ａ５判・99頁　1600円

シリーズ・シニアが笑顔で楽しむ④　いつでもどこでもかんたんにでき，楽しみながら頭の回転や血液の循環をよくする手あそびと指あそび41種を紹介。『ちょっとしたリハビリのための手あそび・指あそび』改題。

作って楽しむシニアのための
絵あそび・おもちゃ・部屋かざり

枝常　弘著　Ａ５判・93頁　1600円

シリーズ・シニアが笑顔で楽しむ⑤　短時間で完成させることができ，お年寄りが達成感，満足感を得られる絵あそび・おもちゃ・部屋かざり41種を紹介。『かんたん・きれい絵あそび・おもちゃ・部屋かざり』改題。

シニアもスタッフも幸せになれる
ハッピーレクリエーション

斎藤道雄著　Ａ５判・93頁　1600円

シリーズ・シニアが笑顔で楽しむ⑥　支援される側だけでなく，支援する側もいっしょに幸せになれる28のハッピーレクリエーションと，ハッピーレクリエーションを演出する12のテクニックを紹介。

ほら，あれ！　楽しい
物忘れ・ど忘れ解消トレーニング

今井弘雄著　Ａ５判・93頁　1600円

シリーズ・シニアが笑顔で楽しむ⑧　脳を刺激して血行をよくし，脳の老化を防ぐ，計算や漢字クイズ，記憶力をためすゲーム，手指の体操など，物忘れ・ど忘れを解消するトレーニングを満載。

※表示価格は本体価格です。別途消費税がかかります。